Herbert Bonewitz

SEHNSE, DES IS MÄÄNZERISCH!

Mit einem Vorwort von Prof. Dr. Hans-Jörg Koch

www.bonewitz.de

Mainzer Mundart –
noch aktuell?

*Ein bekennendes Vorwort
für Zweifler und Besserwisser*

Was ist Mundart (= Dialekt)? Mit dieser Frage könnte man ein wissenschaftliches Seminar eröffnen. Eben das aber will Bonewitz' „Lesespaß für zwischendurch" nicht. So interessant und nützlich das rein wortkundliche Auseinandertüfteln von Mundartausdrücken ist, so sehr ist dem mund-, maul- und zeichenfederfertigen Autor solche Absicht fern. Denn er möchte durch gereimte Alltagsskizzen typische Worte der Ursprache seiner Heimatstadt erläutern. Was er bezweckt ist unverkennbar: ein wenig zu deren Wiederbelebung beitragen, Unwissende aufklären, unterhalten und, wie schon ein ganzes närrisch bis besinnliches Leben lang (Lese- und, wenn vorgelesen, Hör-) Freude bereiten (Anmerkung: Selbige kommt als – oft alleiniges – Honorar zum Autor zurück).

Was hat es auf sich mit dieser von vielen geliebten, von vielen freilich als grässliche Verschandelung deutscher Sprache empfundenen Mundart? Ist sie ein sprachmuseales Relikt von anno dunnemals, Stammtisch-Lautmalerei, Artikulation gar des „Pöbelvolkes" (ein Bibelübersetzungswort Luthers, der jedoch die derbe Redeweise liebte)?

Oder soll man, was hierzulande stets hilfreich ist und Bildung andeutet, einen ziemlich bekannten Frankfurter, Herrn Goethe, als Fürsprecher zitieren, wonach der Dialekt sei „das Element, in welchem die Seele ihren Atem schöpft"? Nach solider Erfahrung, die mehr ist als pseudowissenschaftliches Getue, wenn auch eine gewisse Befangenheit nicht verleugnend, kann mit einem positiven Katalog geantwortet werden (tief einatmen, die Aufzählung ist sehr lang, die Gelegenheit war günstig):

Mundart lockert die starren Bremsen hochdeutscher Sprache, ermöglicht das oft stereotyp und inhaltslos beschworene „Miteinander", schafft menschliche Nähe statt Distanz (und das nicht erst nach dem dritten „Halwe" in einer rheinhessischen Gutsschänke oder Mainzer Weinstube), ist Balsam für die Seele, erzeugt statt krampfhaften Comedy-Claqueur-Gelächters befreiendes „Lachen ohne Bestellung", ist Medizin ohne ärztliche Verordnung (und ohne Liquidation), ist bildhaft, herzlich, aber nicht gefühlsduselig, oft auch sozialkritisch, bisweilen ein Stück Erinnerung, aber kein Nostalgie-Kitsch, ist Teil der Landschaft, in der wir leben, gibt ein „Zuhausegefühl", Wärme, in die man aus kosmopolitischer Kälte fliehen kann, wortgewordene Emotion im Gegensatz zur kühlen Rationalität des Hochdeutschen, Farbe, Identität, ist gewachsen statt gekünstelt, individuell statt gleichförmig.

Trotz dieser guten Eigenschaften gilt es oft als „schick", sich über Dialekt sprechende Menschen lustig zu machen, arrogant die Nase zu rümpfen, sie als gesellschaftlich rückständige Hinterwäldler anzusehen. Als „provinziell" hat man so einen bekannten, barocken pfälzer Politiker verspottet, weil er die heimatliche Sprache wie auch die deftigen Speisen der Region nicht verleugnete. Entgegen solch primitiver, kleingeistiger Betrachtung ist die Pflege heimischen Dialektes beispielsweise in Bayern oder Schwaben, selbst durch Prominente und nicht nur „auf dem flachen Lande", vorbildlich. Auch in Mainz war Mundart die Sprache der Bürgerschaft, man bekannte sich zu ihr, nicht allein in der Bütt sondern auch in Familie und Geschäftsalltag.

Bei dieser Gelegenheit ist anzumerken, dass der Mainzer Dialekt ein wenig von dem des eigentlichen Rheinhessen (oft vergessen: die Landeshauptstadt gehört auch dazu) abweicht. Er ist nicht so rustikal-breit, eher „grobwarmherzig", mit ironisch-ketzerischem Flair, aber ebenfalls, nach etwas spöttelnder Einleitung des Gesprächs, herzlich und gastlich einladend. Das näher zu erklären bräuchte mehr als ein Vorwort.

Dass nicht mehr im reinen Dialekt gesprochen wird sondern nur noch in mundartlich gefärbter

Hochsprache ist zuzugeben, der regionale Akzent ist aber markant und tröstlich. Das Bemühen, in einer globalisierten Welt für alle verständlich zu sein, ist wohl begreiflich („der Computer spricht Englisch"), muss aber nicht zum Sterben der Mundart führen. Einstweilen in Nischen abgedrängt, könnte der Dialekt doch „Zweitsprache" bleiben, eine neben vielen anderen, solange man selbst Suaheli akzeptiert. Der Wunsch nach einer „Rückkehr zu den Sprachwurzeln" jedenfalls ist noch lebendig, sonst gäbe es keine Mundartwettbewerbe und – gelesene – Bändchen wie das vorliegende. Und in einigen Gebieten, wie in Wales oder der Bretagne, hat man sogar schulisch den Wiederbeginn geprobt. Solange Elternhaus und Schulen aber gleichgültig bis ablehnend nur die „feine Sprache" akzeptieren ist der Sprachbruch in der nachfolgenden Generation unvermeidbar.

Doch von diesen etwas kummervollen, besorgten Gedanken zurück zur lokalen, lebendigen Gegenwart, zu dem Mainz von heute, wo Dialekt trotz allem noch immer zuhause ist, und zu Herbert Bonewitz, der sich zu ihm bekennt.

Die Nähe zur Fassenacht ist in Mainz nicht nur (und sogar) beim heimischen Fußballverein spürbar, sie ist allgegenwärtig und, obschon man sich nicht ganzjährig mit „Helau" begrüßt, noch immer ein nicht unwesentlicher Träger der Mundart, Schwund und Rückzug nicht verschwiegen. Kein Zufall ist wohl, dass Seppel Glückert, unvergessener Protokoller des MCV, Nachfahre des bedeutenden Mundartdichters Friedrich Lennig war (Gedenktafel am Geburtshaus am Markt), oder dass Adolf Gottron, Chef vom Protokoll des MCC, auch Mundartgedichte, außerhalb der Kampagne lesbare Büttenreden, schrieb.

Und Herbert Bonewitz? Die Beiworte „Urgestein" oder „Fastnachtslegende" mag er wohl kaum. Aber er kommt aus der Humor-Arena, wo Alltagskritik und Volksspaß einst stärker noch in Mundart erlebt wurden, wechselte zur benachbarten, aber schärferen Satire als aber weiterhin dialekttreuer

Kabarettist und hat sich inzwischen, altersweise (?), der „Verklickerung" von Mundartausdrücken in wohlgesetzten Reimen, nach Art des Autors, zugewandt, die Palette seiner Mensch-und-Welt-Diagnosen um diese Variante mundartlicher Äußerung bereichernd.

Bonewitz ist weiterhin „zwischen den Stilen" (Buchtitel) zuhause und zeigt sich zur Abwechslung nicht nach Art des wunderlichen, provozierenden Clowns, sondern als karikierender Mainzer Poet und, nicht erstmals, kesser Illustrator: Ein neuer, ebenso leuchtender Tupfer im Spektrum seiner Mainzer Publikationen, unverwechselbar und erfrischend, nicht zuletzt, weil die Reime in Mundart geschrieben sind. Er hat „dem Volk aufs Maul geschaut", auch „Spießiges" aufgespießt, stinknormale Vorgänge, die bestimmten Ausdrücken zugrundeliegen. Was er zur Erläuterung beschreibt ist nie spektakulär (weil auch das Alltagsleben ohne Events ist), für das ‚Heute-Journal' nicht geeignet, ohne literarischen Viersterneanspruch, weil die Mundartausdrücke dem selten zartbesaiteten Volksvokabular entspringen. So erreicht er die Frau auf dem Wochenmarkt, den Mann beim Dämmerschoppen – und hoffentlich auch solche Bildungsbeflissenen, die meinen, sich für den Gebrauch von Dialekt schämen zu müssen: Tut Buße und beteiligt euch wieder am situationskomischen Määnzer Gebabbel, verzichtet auf „Gelaber mit Schlips", davon gibt es genug auf dieser Welt!

Das literarische Angebot von Herbert Bonewitz sind ganz einfach mentale Lockerungsübungen, antidepressive Wort-Wellness, Alltagswürze. Mögen seine Verse schlicht Spaß machen und überzeugen vom Titelmotto: „Sehnse, des is Määnzerisch!"

Hans-Jörg Koch

VORNEWEG VERKLICKERT

auf hochdeutsch: „Vorab-Erläuterungen"

Der Titel dieser Broschüre stammt aus einem alten Mainzer Volkslied, dessen Refrain nach meiner Erinnerung so lautet:

Sehnse, des ist Määnzerisch,
holleri-a-ho, mit Schick und Schneid,
so babbele bei uns die Leit.
Vor so ner Ausdrucksweis
hat jedermann Respekt.
Des is unn bleibt der unverfälschte
Määnzer Dialekt.

In meiner Jugend hat die überwiegende Mehrheit der Mainzer Bevölkerung nur Dialekt gesprochen – stellenweise sogar sehr stark. Die etwas „bessere Leit", oder die sich dafür hielten, sprachen dagegen einen etwas „eingehochdeutschten" Dialekt – man nennt das auch „Hochdeitsch mit Knorze". Diese Zeitgenossen behaupteten zum Beispiel, sie hätten „koine Moise uff dem Spoicher".

Seit immer häufiger „Messfremde" (Zugezogene) in Mainz sesshaft wurden, nahm die Zahl der „Dialektsprecher" mehr und mehr ab. Sprachlich dominierten allmählich die „Anderswoherigen", deren Kinder und Enkel natürlich überwiegend nur noch Hochdeutsch sprechen.

Entgegen weit verbreiteter Vorurteile in „gewissen Kreisen" bestand das Publikum in meinen Kabarettprogrammen im „unterhaus" nicht nur ausschließlich aus „Eingeborenen". Und auf Tournee waren es ohnehin nur „Nicht-Mainzer". Dennoch verwendete ich ganz bewusst in vielen Sketchen und Liedern der Originalität wegen unsere Mundart.

Als immer mehr Zuhörer wissen wollten, was dieser oder jener für sie etwas unverständliche Ausdruck bedeute und woher er stamme, hatte ich die Idee, eine Serie herzustellen, in der dies erklärt würde – und zwar gereimt und gezeichnet – unter dem Titel: „Sehnse, des is Määnzerisch!"

1989 hatte die Mainzer Allgemeine Zeitung mit der Veröffentlichung einer wöchentlichen Comic-Serie unter diesem Titel begonnen, in der ich typische „Määnzer Geschichtcher" mit witzigen Texten und Cartoons präsentierte. Erweitert hatte ich die Reihe später durch die Übersetzung origineller Dialektausdrücke in Reimen und Illustrationen. Insgesamt lief die Serie über sechs Jahre.

Umgehend interessierte sich die Redaktion der MAINZ Vierteljahreshefte für diese sowohl humorvollen als auch informativen Dialektübersetzungen. Seitdem erschien in jeder Ausgabe mindestens ein Beispiel dieser speziellen „Määnzer Dialektik".

Als Quellen dienten mir das legendäre „Mainzer Wörterbuch" von Dr. Karl Schramm und die umfangreichen Ausgaben des „rheinhessisch-mainzer Schimpf-Lexikons" des bekannten Dialektforschers Professor Dr. Hans-Jörg Koch.

Stets habe ich Wert darauf gelegt, nicht nur Bedeutung und Herkunft des jeweiligen Dialektausdrucks reimend zu erklären, sondern nach Möglichkeit auch aktuelle Bezüge und gesellschaftskritische Satire einzubringen. Als optisches Ausrufezeichen dient jeweils ein den jeweiligen Ausdruck illustrierender Cartoon.

„Wie wäre es denn, diese gereimten und gezeichneten Määnzer Dialektausdrücke in einer Broschüre zusammenzufassen und zu publizieren?", fragte mich mein Verleger. Erfahrungsgemäß hat in solchen Fällen Widerspruch wenig Aussicht auf Erfolg, denn der Herausgeber meiner Bücher ist nicht nur äußerst hartnäckig, sondern auch mein „langjähriger" Sohn Michael.

Und so ist es kein Wunder, dass Sie nun diesen „kleinen Lesespaß für zwischendurch" in der Hand halten und sich auf eine unterhaltsame Entdeckungsreise begeben können durch den „Volkspark des Määnzer Dialekts". Dort werden Sie gewiss zahlreiche kuriose Gewächse aus unserer vielfarbigen Muttersprache entdecken.

Dazu viel Vergnügen! *Herbert Bonewitz*

Määnzer Babbel-Blues

En Määnzer babbelt immer,
wie ihm de Schnabbel steht,
jetzt baßt emal uff,
ob Ihr die ganze Ausdrück aach versteht:

Scheene Leit gibt's hier in Masse,
Schlappohrn, groß wie Kaffeetasse,
Blotschnose unn Bambelschnute,
Plattkepp, Zinke, Kupperdute,
Dotzklicher wie Hoseknepp,
Dickworz-Eckstäähaubeköpp,
so babbelt mer bei uns in Määnz – o yeah!

Rotznose unn Bube, beese,
Bobbelcher in Kinnerscheese,
Spitzklicker unn Kribbelbisser,
Penningsfuchser, Plasterschisser,
Butzebeebel, Gaaberlätzjer,
große Pissser, klääne Spätzjer,
so geht der Määnzer Babbel-Blues – o yeah!

Ringele, ringele, Rose,
die Bube trage Hose,
die Meedcher trage Röckelcher
und die falle so gern in die Eckelcher!

Foine Leit sinn Hottvolee,
Aagebber mit Kanapee,
oigebild Gesockse-Zores,
Spuckeskrempel, Kokolores,
Fleebutz, die wo struntze gern,
vornehm Bloos mit Ferz im Herrn,
so babbelt mer bei uns in Määnz – o yeah!

Äußerst vornehm spricht mer da:
Andau, Monder unn Trottoir,
Potschamber unn Söllerie,
Schääselong, fromaasch die Brieh,
Büffee, Vertiko, Bagaasch,
oh, leck mich doch am... Amberaasch!
so geht der Määnzer Babbel-Blues – o yeah!

Ich will Euch was verzehle
von de alte Behle:
wann se kää Kartoffele hat
dann kann se aach kää scheele!

Meedcher nennt mer Klumbewutzje,
Dreckmensch odder babbisch Guudsje,
Dibbeguckern, Breebeldippche,
dabbisch Hinkel, Dunsel, Schlippche,
Pefferbix, Gewitteroos,
Buberollsern, doll Schinoos,
so babbelt mer bei uns in Määnz – o yeah!

Bubcher nennt mer Simbel, bleede,
Hoseschisser, Worschtathlete,
Lattwerschdabbscher, Puddeltreter,
Nervesääche, Knoddelpeter,
Duddel, Fettwatz, Scheesegaul,
Babbsack, Bleedmann, Labbemaul,
so geht der Määnzer Babbel-Blues – o yeah!

So babbelt mer bei uns in Määnz,
mir mache nit viel Schmuß,
mer merkt's am Määnzer Babbel-Blu-hu-hu-hu-huus,
an diesem Määnzer Babbel-Blues –
o yeah!

WAS BEDEUTET EIGENTLICH ...

Aabeemick
auf hochdeutsch: „Toilettenfliege"

Der „Aa-Bee" – ein gekürztes Wort –
bezeichnet früher den Abort.
Heit is en Aabee – könnt' ich wette –
bei foine Leit: „oine Toilette".

Die Mick tut meistens nit viel wiege,
bedeut' nit „Mücke", sondern „Fliege",
(als „Brummer" isse aach bekannt)
die „Mücke" wird oft „Schnaak" genannt.

Doch ganz egal, was manche sage:
e Mick is lästig – keine Frage.
Besonders, wenn mer – ohne Päusje –
werd oft umschwirrt, selbst uff em Häusje.

Gewisse Leit gibt's, die voll Schmelz
eim ständich rücke uff de Pelz,
unn babbele doll Zeuch eim vor,
die krabbele eim fast ins Ohr.

Mer kann sich wehrn dageche, bloß
die kriegt mer ääfach nit mehr los.
So Anbabber mit ihre Zicke,
die sinn halt so wie „Aabeemicke".

ALLMOI
auf hochdeutsch: „habgieriger Egomane"

Wer alles habbe will fer sich
is unbeliebt unn lächerlich,
weil er stets määnt: „Alles soll moi soi!",
nennt mer so Egomane „Allmoi".

Des merkt so manch Geschwisterkind,
wenn die noch klääne Kinner sind,
dass ääns von dene – kreischend schrill –
fer sich es ganze Spielzeuch will.

Später werrn solche meistens Raffer,
notorische Schnäppchen-Beschaffer,
die nemme einfach alles mit,
ob sie es brauche odder nit.

So Gierhämmel entpuppe sich
außerdem noch als knickerich,
die nit nur grapsche immer mehr,
die gebbe dann aach nix mehr her.

Jedoch ist mit des Schicksals Mächten,
bekanntlich nie ein Bund zu flechten:
urplötzlich geht's bergab – und jäh
steht der „Allmoi" mit nix da. – Bääh!

ATZEL
auf hochdeutsch: „künstliche Haartracht"

Die scheenste Zierde vun eme Kopp
sinn Haar – en möglichst dicke Mopp.
Doch wenn des fehlt, was einst gelockt,
werd oft e „Atzel" uffgehockt.

Uff vornehm sacht mer aach „Perücke",
verdeckt als „Zweithaar-Hut" die Lücke,
die meist entstehn im Lauf der Jahre,
wenn sich verabschiede die Haare.

Franzose es als „Dubbee" kenne,
mer kann des Ding aach „Fiffi" nenne,
weil es mitunner aussieht wie
e aarch verstrubbelt Hundevieh.

Doch wer sich oibild, er säh dann
nit mehr so aus wie'n alte Mann,
der hot zwar Recht – doch nur beinah:
meist sieht er aus wie e alt Fraa.

Deshalb: e Atzel macht kään Sinn,
Hauptsach, im Kopp is genuch drin.
Moin Grundsatz – schun seit viele Jahr:
„Lieber e Glatz als gar kää Haar!"

Babbisch Gutsje
auf hochdeutsch: „klebriges Bonbon"

Was „Babbisches"– des is gewiss –
is alles des, was klebrisch is,
unn „Gutsjer" nennt mer süßes Zeuch,
was Spaß macht, abber dicke Bäuch.

Doch wenn's uff Mensche sich bezieht,
en annern Sinn der Ausdruck krieht:
Wer annern krabbelt hinne noi,
des kann nur so en „Babbsack" soi.

Umgebe warn zu alle Zeite
die „höchere Perseenlichkeite"
von Anschleimern unn Bärtestreichlern,
von Speichelleckern unn von Schmeichlern.

Wo Vorteile sinn zu erringe,
charakterlos, durch Ehrgeizlinge,
ob im Betrieb, Partei, Verein,
e babbisch Gutsje schleimt sich ein.

Vor Aaschkriechern hilft nicht sehr viel,
höchstens ein Schild, das vor dem Ziel
befestigt wird – als Schutzverhüllung:
„Geschlossen wegen Überfüllung!"

BAGAASCH
auf hochdeutsch: „impertinente Personengruppe"

Woher des kimmt? – Des is nit schwer:
Aus Fronkreisch stammt der Ausdruck her.
Doch schreibt mer „le bagage" dort:
„Gepäck" unn „Pack" bedeut des Wort.

Bei uns hot mer den Sinn erweitert,
– was die Betroffne nit erheitert –
denn hier dut mer die Leit so nenne,
die wo sich nit benemme kenne.

Als Schimpfwort trifft es allemal,
„die" odder „des" Bagaasch – egal,
oft sinn des Nachbarn unn Bekannte,
manchmal auch eichene Verwandte.

Vor Jahrn drei Freunde mal verreiste,
um in Paris sich des zu leiste,
was mer zuhaus als Ehemann
nit ohne weitres mache kann.

Als im Hotel ganz dienstbeflisse
de Portier „le bagaasch?" wollt wisse,
da sacht der Ääne: „Mach kää Bosse,
die habbe mer dehääm gelosse!"

BAMBELSCHNUUT
auf hochdeutsch: „dicke Hängelippe"

So mancher Mensch hat von Natur
von Schönheit leider keine Spur.
Des is nit schlimm, weil schon als Kind
jed Dibbsche aach soi Deckelsche find.

Da gibt es welche, die gesegnet
mit Rieselippe, die – wenn's regnet –
es Wasser uffange wie Rinne,
die Hauptsach is: Es bleibt nit drinne.

Auch jene, die ganz dünne habbe,
könne verschiebe ihre Flabbe,
aus Unmut oder aach aus Muff,
sodass mer fast könnt trete druff.

Mer sacht aach „Humbeschnuut" nit faul,
aach „Brotschublad" unn „Labbemaul",
aach „Lewwergosch", groß wie e Schipp,
„la lèvre" – à la France: die Lipp.

Uff englisch „Bambelschnuut" zuletzt
werd „hanging swing mouth" übbersetzt.
Mer sieht, die Määnzer Ausdrick, gell?
sinn wahrhaft „interneschenell"!

BATSCHKAPP
auf hochdeutsch: „weiche Schirmmütze"

Zur Mütze sagt mer kurz und knapp
bei uns in Määnz: „Des is e Kapp!"
Die sieht aus wie en flache Hut
und schmückt des Mannes Wersching gut.

Doch nicht nur Zierde ist ihr Sinn,
es gibt aach Haarschmuck, der sehr dinn,
da wärmt die Kapp den Kopfhautplatz,
is wie e Öfche fer die Glatz.

Aus weichem Stoff isse gemacht,
unn „Batschkapp" mer dezu hier sacht,
weil: setzt mer uff se mit eme Platsch,
dann macht's debei halt meistens „Batsch"!

Es gibt sogar e Mundart-Bänd
in Meenz, die wo sich „Batschkapp" nennt,
mit'm Unkel Hermann an de Spitz,
da rockt's unn rollt's – mit Mudderwitz.

Als volkstümlichste Kopfeszier
gilt dieses Kleidungsstück allhier,
die Batschkapp nennt mer drum – man kann es:
„Zylinderhut des kleinen Mannes".

Blotschbackegesicht
auf hochdeutsch: „dickes Wangenantlitz"

Bei manche Leit hot die Natur
von edler Schönheit keine Spur
in ihrem Antlitz hinterlasse:
mer sieht bloß uffgeschwemmte Masse.

Kään Grund, desweche schwarz zu sehe:
Mer müsst allääns dorchs Lebe gehe?
Den Trost dafür kennt jedes Kind:
Jed Dibbsche aach soi Deckelsche find!

Es is bekannt, dass jedermann,
sich diesem Aussehn nähern kann:
mit viel zu Trinke, noch mehr Esse
unn kaum Bewegung – nit vergesse!

Dann bläht sich langsam uff de Bauch,
und es Gesicht tut's damit auch,
bis zu eme Bobbes – mer könnt flenne –
kään Unnerschied mehr zu erkenne.

Doch wer des mag, macht sich nix draus,
der sieht halt wie e Wutzje aus.
Die Hauptsach, dass es ihn nit kratzt,
wann's „Blotsch" macht – isser halt geplatzt!

BREEWELDIBBE

auf hochdeutsch: „nörgelnde Person"

Was eichentlich de Ursprung war
vun „breewele" is nit ganz klar.
Ein Fachmann sagte mal zu mir:
des käm vun „bete im Brevier".

Des kann ich nit so ganz begreife,
denn es bedeut: beharrlich keife,
aach knoddern, quengele unn schenne,
krakeele, nörgeln noch zu nenne.
Der Ausdruck „Dibbe" werd verwendt
fer Fraue meist – kää Kompliment,
bei Mädcher „Dibbsche" hääßt es dann,
unn „Dibberich" sagt mer zum Mann.

Uff jeden Fall sinn diese Leit
nit sehr beliebt, denn mit de Zeit
gehn die mit ihrm Breewel-Gemecker
selbst Dollerante uff de Wecker.

Erscheine bei Familiefeste
solche Verwandte gar als Gäste,
dann gibt's zu esse – des klingt bees:
bloß „Breewelsupp mit Mecker-Klees".

BRULLJES
auf hochdeutsch: „Streitereie"

Der Ursprung dieses Wortes ist
französisch: „brouille" – des hääßt „Zwist",
auf Deutsch: Zoff, Krach oder Krawall,
ums „Streite" geht's – auf jeden Fall.

Wer „Brulljes macht", der tobt erum,
als wär er im Delirium,
brüllt beese Wörter, ganz gemeine,
nur Argumente hat er keine.

Er mischt sich über all enoi,
will immer nur der Lautste soi
bei jegliche Gelechenheite,
tut alles – bloß kään Streit vermeide.

Wie weit so „Streithämmel" dann gehe,
kann mittags mer im Fernseh sehe:
Die fetze sich, ob, Mann, ob Frau.
Das Fazit? – Unter aller Sau!

Vor allem uff em Fußballplatz,
da wird gepöbelt mit Rabatz,
Was habbe die bloß in der Birne?
Wahrscheinlich nur noch Schrumpfgehirne.

21

BUMBESKREIDSCHE
auf hochdeutsch: „Anti-Blähungspflänzchen"

Es gibt gewisse heikle Sache,
dadrübber sollt mer eigentlich lache.
Doch vielen gilt's als ungebührlich,
obwohl's im Grund doch ganz natürlich.

Denn jeden trifft's – ob arm, ob reich:
des is en Stau – im Darmbereich.
Wenn der sich ufflöst zum Debakel,
dann hört mer einen Mordsspektakel.

Der Mediziner „flatus" nennt's,
der Määnzer als en „Bumbes" kennt's.
Besonders Hülsefrüchte sind
verantwortlich für zu viel Wind.

Dageche hilft das Bohnenkraut,
sofern man es als Tee gebraut.
Doch auch als Würze an de Bohne
kann es sich sturmverhindernd lohne.

Auch weiter obbe kann's passiern,
daß manchmal „Ferz im Hern" rotiern.
So Leit, die sollte nie vergesse,
tagtäglich „Bumbeskreidscher" esse!

22

BUTZEBEWEL
auf hochdeutsch: „getrockneter Nasenmüll"

Für Eingeborne isses klar:
des Wort gehört zum „Repertwar"
von jedem echte Määnzer Kind,
des wääß, was „Butzebewel"sind.

En „Butze" zwar ein Schutzmann ist,
e Amtsperson – als Polizist.
En „Bewel" nit zu ihm gehört,
obwohl ihn manchmal einer stört.

Denn „Bewel" is in unserm Land
als „Popel" durchaus wohlbekannt,
is festgewordner Nasenschleim,
entsorgen sollt' man ihn daheim.

Es gibt zwar solche Zeitgenosse,
die sich debei nit störe losse,
ganz öffentlich zu bohrn, zu drehe,
auch noch genau sich's anzusehe.

Da wendet man voll Graus sich weg,
und gönnt ihm seinen Nasendreck.
Ein „Ferkel" kann man ihn nit nenne,
weil Wutzjer sowas garnit kenne.

BUWEROLLSERN
auf hochdeutsch: „fahrlässiges Mädchen"

Den Ausdruck gibt's schon lang nit mehr,
des is e paar Jahrzehnte her,
ich kenn ihn noch aus meiner Jugend:
der stand für „zweifelhafte Tugend".

Des warn noch Zeite, prüd unn streng,
mer sah „Verkehrsregeln" sehr eng,
Geschlechter wusst mer stets zu trenne:
mer durft nit gleich mit annern penne.

Mer mußt immer „anständig" sein,
es gab kään „Sex" – bloß „Schweinerein".
En Mann riss aach nie „Weiber uff":
der foine Herr ging in de Puff.

War'n Bub mal spitz, voll Lust der Molch,
und tat's – hieß er „Matratzestrolch".
E locker Mädche wurd geschennt
unn „Buwerollsern" dann genennt.

Nur fer zum Schlafe war die Nacht,
die Kinner hat de Storch gebracht.
Was warn die Leit so brav unn bieder.
Ich glaab: Des kimmt so bald nicht wieder!

DERRABBEL
auf hochdeutsch: „extrem dünner Mensch"

Zwei Wörter, die man hier nicht trennt,
statt „dünn" der Määnzer „derr" verwendt,
unn statt von „klappern" hier zu babbeln,
bevorzugt man doch lieber „rabbeln".

En Derrabbel, des is en Mann,
der mit de Knoche rassele kann.
Zieht er umher in Wald und Flur,
sieht man ihn nicht – man hört ihn nur.

Auch unter Frau'n mer Derre kennt,
die „Derrabbel-sen" werrn genennt.
Vor allem Moddels, zwar adrette,
doch medizinisch nur Skelette.

So'n Derrabbel hat es nit leicht,
wenn man mit Dicke ihn vergleicht:
es Dusche ihm nur dann gelingt,
wenn er von Strahl zu Strahl rasch springt.

Auch muss er suchen festen Halt,
wenn Winde wehn mit Sturmgewalt,
sonst fegt es ihn aus Määnz enaus
nach Wiesbaden – des wär en Graus!

DOLL DIBBSCHE
auf hochdeutsch: „verrücktes Töpfchen"

E Dibbe steht normalerweis
uff eme Herd unn hält was heiß.
Wer Hunger hot, ob Fraa, ob Mann,
den Inhalt dann verspeise kann.

Sinn Dibbe groß, nennt mer se Krobbe,
Da kammer ganze Gäns noistobbe.
Doch sinn se klää, bloß fer e Ribbche,
dann nennt der Määnzer des e „Dibbsche".

Die gibt's aach fer ganz annern Sache:
wenn Bobbelscher mal „müsse" mache.
Erwachs'ne hatte früher auch
e Dibbsche – nachts – zum Notgebrauch.

Beim Essekoche kann's geschehe,
da kammer Dibbe hippe sehe:
wann's sprudelt, klappert, zischt und knallt,
dann is des e „doll Dibbsche" halt.

Sagt des zu soiner Fraa en Mann,
e Kosewort mer's nenne kann.
Dann spitzt die Määnzern kess ihr Schnüssje:
„Du alter Simbel! – Komm, geb Küssje!"

DOTZKLICKER
auf hochdeutsch: „hervorstehende Quellaugen"

Die „Klicker" warn mal sehr beliebt,
ob's so etwas auch heut noch gibt?
Denn früher konnte damit viele
Erwachsene unn Kinner spiele.

En Fremde sowas garnit kennt,
weil er die Klicker „Murmeln" nennt.
Des sinn so Kugele – bunt und klein –
aus Glas, aus Ton oder aus Stein.

Es gibt auch Klicker – groß und prall –
die dotze könne bei ihrm Fall:
Wenn plötzlich hinknallt so ein Stück,
dann hippt's auch meist sofort zurück.

Nun gibt's gewisse Leut mit Auge,
die glatt als „Dotzklicker" auch tauge,
die quellend sich im Kopp beweche,
en Frosch hat Schlitzauge dageche.

Ein solcher „quellbeaugter" Mann,
der glotzte mal e Mädche an,
schlagfertig rief des Böbbche aus:
„Ihr Soleier falle gleich raus!"

27

DUMSGICKEL
auf hochdeutsch: „Domwetterhahn"

Guckt mer zum Dom hoch, kann mer'n sehe,
hoch auf dem Westturm tut er stehe:
der Wetterhahn – bei Tag unn Nacht –
zu dem der Määnzer „Gickel" sacht.

Der prophezeit uns ungeloge,
besser als jeder Meteorologe,
wie's Wetter werd, er teilt's uns mit,
genau so kimmt's – odder aach nit!

Guckt er direkt in Richtung Rhoi,
wird garantiert das Wetter foi.
Doch zeigt sein Bobbes hin dageche,
dann gibt's mit Sicherheit bald Reche.

Doch is viel wichtiger debei:
er dient uns Määnzern als Arznei:
Wenn ääner heimwehkrank – zum Glück –
kehrt widder aus de Fremd zurück.

Egal aus welcher Richtung dann
mer ihn von weitem sehe kann,
sofort gesund fühlt jeder sich:
Oh, Dumsgickel, wir lieben dich!

ECKSTÄÄHAUBEKOPP
auf hochdeutsch: „extrem dicker Schädel"

Des Wort kennt heit kaum ääner noch,
dabei gibt's die Bedeutung doch
genau so gut in unsre Tage,
wie mer des früher konnte sage.

En Eckstää stand an viele Ecke,
einfach zu Radabweisungszwecke,
damit e Pferdefuhrwerk nicht
an Tor'n unn Häuser was zerbricht.

Kann mer der Mode damals glaube,
truge die Dame Riese-Haube,
fer Määnzer gleich zum Spott geeichnet:
als „Eckstäähaube" frech bezeichnet.

Doch wer des Määnzer Schlappmaul kennt,
der wääß, dass mer grad alles nennt
beim Name – auch wenn's taktlos is –
da hat mer halt vor garnix Schiss.

Als neulich kam so'n dicke Protz
mit eme Wersching wie en Klotz,
da sagt der Borsch zu seiner Bopp:
„Guck da – en Eckstäähaubekopp!"

Ferz im Hern

auf hochdeutsch: „Gehirnblähungen"

Wer angibt wie e Dutt voll Micke,
unn babbelt Kees unn macht bloß Zicke,
mit Oifäll, die stets bleeder werrn,
so ääner, der hot Ferz im Hern.

Natürlich klingt des etwas heftisch,
doch Määnzer Ausdrick sinn oft deftisch.
Wer dodevon sich lässt verwirrn,
der sacht halt: „Blähungen im Hirn".

Ein foiner Mensch – unhumoristisch –
lehnt sowas ab, weil humanistisch
für ihn Latein stets erste Wahl is,
der sacht dann: „flatus zerebralis".

Doch ganz egal, wie mer des nennt,
jeder von uns bestimmt ään kennt,
der Müll hot in soim Wersching droi
und bild sich aach noch was druff oi.

Ob Abzocker-Industrielle,
ob Schwindler, Wirtschaftskriminelle,
ob Neonazis, Extrem-Linke:
was die all blähe, duht uns stinke.

FISSEMADENDE
auf hochdeutsch: „umständliche Tätigkeiten"

Määnzer Leit sinn meist behende,
ohne viel „Fissemadende".
Wer die macht, der krieht geschennt:
„Umstandskrämer" mer den nennt.

Mundartforscher streite sehr:
Wo kimmt bloß der Ausdruck her?
Doch bis heut sinn se nit einisch:
ob französisch – ob lateinisch?

„Visae patentes" des wären,
tun die eine uns erklären:
„Amtspapiere" – ohne Scherz –
also: Bürokrate-Ferz.

Annern määne: die Franzose,
damals in Besatzerpose
hätte Mädcher keck bestellt:
„Visitez ma tente" – ins Zelt.

Daraus folgte – mit der Zeit –
eine Art „Umständ-lichkeit":
„Jean-Baptiste" wurd es genennt,
was mer hier als „Schambes" kennt.

31

FLEELABBE
auf hochdeutsch: „Mehrzweck-Lappen-Tuch"

Als Määnzer wääß mer, dass en „Labbe"
kann mehrfache Bedeutung habbe:
als Geldschein odder Tuch bekannt,
unn selbst die Zung werd so genannt.

Aach „Flee" kann mehrfach mer verstehe:
sowohl als „Flöhe" – wie aach „flehe",
unn außerdem noch kennt mer dies
als Zaster, Kohle, Knete, Kies.

Wenn jemand in de Kerch gekniet
beim „Flehen" alsfort Schmerze krieht,
dann hot mer sich – des is zu lobe –
en „Fleelabbe" drunner geschobe.

Weitaus profaner war die Jagd
uff „Flöhe" – einstmals angesagt:
mit nasse „Fleelabbe" als Kriecher
hot mer se plattgemacht – die Viecher.

En „Fleelabbe" mehrzweckich war,
doch heit nit mehr – nur ääns is klar:
Am scheenste is e Portmonnee
mit „Labbe" drin unn sehr viel „Flee".

GREEBAARSCH
auf hochdeutsch: „ständig schimpfendes Gesäß"

Da brauch sich kääner uffzureche:
„Fui, was ein schlimmes Wort!" – Vun weche!
Der Herr von Goethe tat es wagen
ließ seinen „Götz" vom „Arsch" was sage.

Des is nit ordinär, nit komisch,
„Arsch" is sehr wichtig – anatomisch,
sonst täte Bää in voller Länge
direktemang am Buckel hänge!

Die Silbe „Greeb" von „greebisch" kimmt,
hääßt: schlecht gelaunt, ungut gestimmt.
So nennt mer Mensche, die nix kenne
als knoddern, breebele unn schenne.

Drum sagt mer „Breebeldibbe" spitz,
aach „Quengeler" unn „Knodderfritz",
„Dummschwätzer" odder „Griwwelbisser",
kurzum: ein echtes Ekel isser.

Es Schlimmste doch en „Greebaarsch" is:
en arme Mensch – des is gewiß,
denn der kann selbst in beste Zeite
am wenigste sich selber leide.

HECKEBANKERT

auf hochdeutsch: „unehelich im Gebüsch
Gezeugtes"

En Bankert („a" spricht mer wie „o")
ganz früher „Bastard" nannt mer so,
geborn is der unehelich,
vorkomme soll's – gelegentlich.

Als Kinner tate mir uns schenne
unn boshaft „Heckebankert" nenne,
was unnerstellt – so eine Schande –
dass im Gebüsch mer sei entstande.

Sowas war früher äußerst peinlich,
doch heit is mer do nit so kleinlich,
vor allem wenn die Produzente
des Fehltritts sinn aach Prominente.

Die Welt erfährt dann offiziell
den Zeugungsort: ob im Hotel,
bei Weihnachtsfeiern und – oh Jammer –
sogar in einer Besenkammer.

Die Medien eifrichst publiziern,
die VIP-se dut des nit scheniern,
denn statt im Hirn, was eh nit groß,
is ihrn Verstand scheint's in de Hos.

34

HEMDEFORZMAJOR
auf hochdeutsch: „Textilblähungsoffizier"

Im Dialekt klingt manches herb
wie dieser Ausdruck, deftig-derb.
Des hot den Vorteil ganz gewiss:
mer wääß sofort, woran mer is.

Beim Barras – einstmals so genennt –
wurd „Hemdeforzmajor" geschennt
ein Offizier, der Arroganz
vereint mit Dummheit, Ignoranz.

Voll eitler Uffgeblosenheit
hot schikaniert der gern soi Leit.
Dabei war der oft nit gescheiter
als wie ein cleverer Gefreiter.

So Spinner gibt es allgemein,
nit nur beim Militär, oh nein,
auch in Betrieben aller Arten,
sogar in manchen Fastnachtsgarden.

Doch wenn dort ääner macht die Schau
unn bläht sich uff wie'n eitle Pfau,
sollt rufen laut der Garde Chor:
„Helau, Herr Hemdeforzmajor!"

HOLLOFERNES
auf hochdeutsch: „ausgeprägt dicker Kopf"

Des Wort klingt biblisch – nit ironisch,
so hieß en Feldherr (babylonisch),
wurd von 'ner Judith in de Nacht
durch Kopf-Abtrennung kaltgemacht.

Der isses nit, so wie es scheint,
en „hohle Fernsel" is gemeint:
ein altes Hohlmaß, wie en Bembel,
fer zwää-unn-zwanzisch Liter Krembel.

Wenn mer en dicke Kopp beschreibt,
ääm nit nur „Hollofernes" bleibt,
es gibt mehr Wörter als mer glaubt,
zum Beispiel: Kleeskopp (Knödelhaupt).

Quadratschädel, Birn, Knorze, Daddel,
Deetz, Wersching, Tabbernaggel, Waddel,
Berzel, Ballong unn – garnit schee –
aach „Monster-Halsgeschwulst" – owee!

En echte Määnzer is nit kleinlich,
en große Kopp is ihm nit peinlich,
die Haupsach, dass do drin was los is
unn aach's Gehirn genau so groß is.

HOTTWOLLEE
auf hochdeutsch: „angeblich feine Gesellschaft"

Wie viele Wörter stammt auch dieses
aus em Französische, dort hieß es
die „Haut-volée", was hier bedeit:
en Haufe hochmütische Leit.

Mer sieht se meist im Fernseh bloß,
wenn irgend en „Event" is los,
unn mer stellt fest, bei jedem Schritt:
normale Mensche sinn des nit.

Meist Promis sinn's – unn „Promisine",
in Smoking, Nerz unn Hermeline,
mer sacht aach „VIP-se", was plausibel,
denn's hääßt: „Very Idiotic People".

Voll Staune guckt mer, wie se schreite,
die höchere Perseenlischkeite.
Die Dame lache nit – weil's Gift is
fer ihr Gesicht – weil's aarch gelift is.

Der „Herr von Welt" zeigt, wenn er spricht,
dass Reichtum schützt vor Dummheit nicht.
Mer denkt: O tempora, o mores,
was Uffständ weche so eme Zores!

KERSCHHOFSJODLER
auf hochdeutsch: „Friedhofshusten"

En „Jodler" is normalerweis
Gesungenes – mal laut, mal leis,
was von de Stimmbänder gekippt
im Kehlkopp ruff unn runner hippt.

Mer kann des hörn uff Bergeshöhn,
von weitem klingt's besonders schön,
mit Echo – stereo – kann's halle,
bis in die tiefste Täler schalle.

Mitunter wird es ähnlich laut,
wenn so ein Heimwerker sich haut
auf seinen Daumen – statt vorbei,
dann jodelt er ... den Tarzan-Schrei.

Als „Kerschhofsjodler" wird genennt,
was mer als „Raucherhuste" kennt,
weil mer bei dem Gekrächze spürt,
wohin die Qualmerei einst führt.

Denn Rauche is en schlimme Brauch,
mer schadet sich – unn annern auch.
Wer nit mehr raucht – als Überwinder –
der sterbt zwar auch, doch viel gesünder.

KERWEBORSCH
auf hochdeutsch: „Kirchweih-Jungs"

Ob's die noch gibt heit – uff em Land?
Des is nit übberall bekannt.
Zwar „Kerwe" gibt's noch – wie's mal war,
auch „Kirchweih" oder „Kirmes" – klar.

Doch jammern die Gemeinde sehr:
mit „Kerweborsch" – des is heit schwer!
Bei dene herrscht totaler Frust,
uff deitsch: Die habbe all kää Lust!

Es is e alte Tradition
im 17. Jahrhunnert schon,
dass zwanzigjährige junge Borsch
führten die „Kerwefeste" dorch.

Mer fuhr dann mit eme Leiterwage
zum Wald, um dort en Baum zu schlage,
der wurd zum Kerweplatz kutschiert,
dort uffgestellt unn reich verziert.

Doch Buwe heit – mehr kann's verstehe,
mit Zwanzig nit uff Kerwe gehe,
unn in ner Disco engem Raum,
da paßt nun mal kään Kerwebaum.

KINNERSCHEES

auf hochdeutsch: „Babybeförderungswagen"

Die Schees war früher sehr bekannt,
wurd Pferdedroschke auch genannt.
Zu Großelterns ganz frühe Jahrn
is mer damit „Auto" gefahrn.

Mer ließ bequem sich transportiern
und dorch die Gechend sich kutschiern.
Der Mensch war früher schon sehr faul,
nur statt Motor hatt mer en Gaul.

Französisch is des Wörtche „Schees":
„la chaise" – der Stuhl (des is kään Kees).
Dadrübber naus konnt mer des sage
zu eme halbverdeckte Wage.

Heit määnt mer dademit nur eines:
e Kinnerschees fer ebbes Kleines,
des lieht do drin, genüsslich platt,
weil's noch kää Lust zum Laafe hat.

Dafür lääft Mamma, Babba, Hund
mit'm Affezahn – des is gesund.
Es Bobbelsche mit roter Nase
gewöhnt sich so ans Auto-Rase.

KLICKER
auf hochdeutsch: „kleine bunte Murmeln"

In moiner Jugend jedes Kind
hot gleich gewusst, was Schassert sind,
und Mehlert, Stäänert, Glasert – das
warn Klicker aus Ton, Stää unn Glas.

Die klääne bunte Kugele sollte
dorthie, wo se dorchs Schnicke rollte:
noi in e Erdloch übern Rand,
was mer bei uns aach „Kaut" genannt.

Beim Klickerspiel gab's viele Regeln:
die ääne ähnlich wie beim Kegeln
die annern mit unn ohne Kuhle,
mit Wegstoße – so wie beim „Boule".

Es Wichtichste bei jedem Spiel:
Klicker gewinne – möglichst viel,
die wo als wertvoll anerkannt,
bloß nit aus Ton – „Mehlferz" genannt.

Wer heitzutag mit Klicker spielt,
in Fernseh gar Erfolch erzielt:
wenn Popstars grapsche sich im Schritt –
nur: bunt unn wertvoll sinn die nit.

KLUMBEWUTZ
auf hochdeutsch: „verfettetes Schwein"

En Klumbe kann Verschiednes soi:
als Bombo schmeckt er Kinner foi,
en Klumbe Fleisch is groß unn breit,
unn uff ääm Klumbe stehn oft Leit.

Hängt mer an so en Klumbe dran
e Wutz – was mer verbal bloß kann –
entsteht ein Wesen imposant,
des hier als „Klumbewutz" bekannt.

Der Ausdruck gilt als ideal
fer'n Mann odder e Fraa – egal,
womit mer elegant umschreibt:
der odder die is aarch beleibt.

Doch gibt's aach Derre, die mer kennt
unn deshalb „Klumbewutzjer" nennt,
weil die ihr Mitmensche oft quäle
genüsslich Zote nur erzähle.

Der Kenner liebt – sofern er schlau –
die Klumbewutz als Schweine-Sau,
die ihren Lebenszweck beweist,
wenn sie als Fleischworscht wird verspeist.

KOBBERD
auf hochdeutsch: „Kopfsprung ins Wasser"

Wer gern vom Brett ins Basseng springt,
mitunnner sportlich was vollbringt,
wenn er – was mer an sich nit braucht –
mit'm Kopp vorweg ins Wasser taucht.

Dazu gehört schon ganz schee Mut,
denn manchmal geht sowas nit gut,
wenn unner Wasser ebbes is:
ein unsichtbares Hindernis.

Drum hippt der Schlaue „Po voraus",
des sieht zwar nit sehr sportlich aus,
doch kann fast nix debei passiern –
en „Aascherd" dut mer's tituliern.

Wenn mer dageche flach noihecht,
is des en „Schlubberd" – aach nit schlecht.
Doch platscht mer bäuchlings in de See,
nennt mer des „Baucherd" – des dut weh.

En Kobberd is jedoch es Feinste,
ob mer de Größte, ob de Kleinste,
egal, womit mer dann kimmt raus,
die Hauptsache: Es sieht sportlich aus!

KOOSGEER
auf hochdeutsch: „Jahrgangsmitglied"

Mer sagt „Koosgeer" in Gunsenum
und stellenweise drum erum.
Es nenne sich die Leit, die wo
im gleiche Jahrgang sinn, all so.

Weil mer des „Koo" nasal ausspricht,
täuscht mer sich sprachlich sicher nicht,
dass des von „con" kimmt, explizit,
des is fronzösisch unn hääßt „mit".

Die Wortbedeutung is schun schwerer,
mir sagte mal ein alter Lehrer:
Des käm vun „conscrit", klar wie Tinte,
denn mer sagt „koosgrier" in Finthe.

Als einst Napoleon hier „zu Gast",
hat jahrgangsweise mer erfasst
die junge Borsch, die garnit wollte,
fer Fronkreichs Ruhm nach Russland sollte.

Heit sinn Soldate besser dran,
auch wenn's mal laut wird, ab und an.
Mir mache nur Rekrute Spass,
bei Fastnachtsumzüch uff de Gass.

LABBEDUDDEL
auf hochdeutsch: „verweichlichter Mann"

Des Wörtche „Labbe" zeicht schun gleich:
so'n „Duddel", der is äußerst weich,
als Softie mer den heit bezeichnet,
fer's harte Lebe kaum geeichnet.

Nix Schlimmres kann mer zu ääm sage
als „Labbeduddel" – ohne Frage,
denn dodemit is der als Borsch
bei alle Böbbscher unne dorsch.

Obwohl en „Matscho" generell
werd abgelehnt ganz offiziell,
sinn meist beim schönere Geschlecht
die „Softie-se" erst recht nit recht.

Mer duht sich drübber lustich mache
unn die als Weich-Eier verlache,
als Sitzpinkler unn Häkelhambel,
als Warmduscher unn Hannebambel.

Zu Opas Zeite schun bekannt
wurd der „Pandoffelheld" genannt,
des war de meiste Kinner klar:
der „Herr im Haus" die Oma war.

LATTWERSCHDABBSCHER
auf hochdeutsch: „Marmeladen-Latscher"

Bei Füßen wird drauf Wert gelecht,
dass mer sich damit fortbewecht.
Doch brauch mer se aach oft zum Stand,
drum sinn se größer als e Hand.

Je breiter sie von Fers bis Zehe,
je sicherer kann man aach stehe.
Plattfieß zu habbe is nit dumm,
dann fällt mer aach so leicht nit um.

Nur wenn mer läuft mit dene Waatsche,
dann sagt mer besser dezu: laatsche.
Des sieht so aus, als wollt mer wandern
dorch Marmelad: ään Fuß vorm andern.

Was oft als „Pflaumenmus" bekannt,
des werd bei uns „Lattwersch" genannt.
Zum „gehe" sage „dabbsche" mir,
drum hääßt des „Lattwerschdabbscher" hier!

Bei foine Leit mer so nit spricht,
uff solche Ausdrick werd verzicht,
das ist für die ein Anderer:
ein „Konfitüren-Wanderer"!

MÄÄNZ ODER MEENZ?
auf hochdeutsch: „Mainz oder Mainz?"

Um des mal gleich vorweg zu saache:
die Streiterei werd ausgetraache
schun seit Jahrzehnte zieht sich's hie,
jedoch geklärt worrn isses nie.

Zwar objektiv is beides richtig,
trotzdem mer streit sich, des is wichtig,
so wie ganz früher unverhohle
die Evangele unn Kathole.

Die Aussprach einstmals so begann se:
zuerst „Magenze" – dann „Majanze" –
sodann „Mäjinz" und „Määntz" gesacht,
so wurd aus „a" ein „ä" gemacht.

Die Ääne fande's „ää" okee,
doch Annern dehnte es zum „ee",
stadtverdelsweis führt es dahin,
dass Määnzer hier – dort Meenzer sinn.

Ich schreib's mit „ä" wie kääns unn Bää,
weil: keens unn Bee, des gibt's nit – nää.
Egal – die Hauptsach is nur ääns:
Meenz bleibt Mainz – und Mainz bleibt Määnz.

MAULDABBEZIERER
auf hochdeutsch: „Mundtapetenverschönerer"

In Määnz, da löscht mer seinen Dorscht
meist nur mit Woi (dezu e Worscht).
Wasser zu trinke gilt als mies,
damit wäscht mer sich bloß die Fieß.

Doch was en echte Schluckspecht is,
der trinkt aach ohne Dorscht gewiss,
um zu genieße mit de Schnuut
den Rebesaft – sofern er gut.

Isser des nit, dann werd geschennt
unn „Aschbes" man den „Rambass" nennt.
Isses en „Sauerampfer", dann
mer „Rachebutzer" sage kann.

Doch macht er uff de Zung e „Tänzje"
unn „reißt nit ab" – unn hot e „Schwänzje",
schmeckt er, als ob – was edel ist –
e Engelche eim druff gepisst.

Mer fühlt soin ganze Mund verziert
wie e gut Stubb – frisch dabbeziert.
Daher der Name! – Wenn du'n host,
den gute Woi, dann trink en! – Prost!

MESSFREMDE
auf hochdeutsch: „Anderswoherige"

En Mensch, der wo von auswärts kimmt
unn sowas hört, der denkt bestimmt:
„Das müssen Kirchenfeinde sein,
die niemals gehn in Messen rein!"

En annern meint: „Vielleicht warn die
auf einer Kirmes wohl noch nie?"
Des is zwar alles schee und gut,
doch halters falsch – so leid mir's dut!

Von echte Eingeborne werrn
Besucher oft bezeichnet gern
als „Messfremde" – von Zeit zu Zeit –
genau wie „zugezogne Leit".

Damit drückt mer vermutlich aus:
so'n Fremde kennt sich hier nit aus.
Des klingt zwar arrogant – vermeintlich –
doch Määnzer sinn nit fremdefeindlich.

Messfremde werrn oft integriert,
werrn oigelade unn hofiert,
gelobt, geliebt unn dann zum Schluss
sogar geheirat – wenn's soi muss!

NEBER DE KAPP
auf hochdeutsch: „abseits der Mütze"

Wenn ääner öfterster verwirrt,
und sich dann desdeweche irrt,
zum Beispiel: wann's um „Steuern" geht,
is des normal, weil mer's versteht.

Die Formulare zu kapiern,
des geht de meiste an die Niern.
So mancher is da – nit zu knapp –
obwohl nit bleed: „neber de Kapp".

Doch gibt's auch solche, die betroffe
von Wirrwarr, wenn se mal besoffe.
Dann werd en Kappes meist gebabbelt,
daß ääm es Hern im Wersching zabbelt.

Auch Morchemuffel kann mer sehe
oft „abseits ihrer Mütze" stehe:
wenn sie dem Hund de Kaffee reiche,
die Gattin mit Gelee bestreiche.

Wer määnt: er wär devor geschitzt,
weil er ja gar kää Kapp besitzt,
der irrt sich, weil: dann isser nur
halt manchmal „neber de Frisur"!

NEWWELING
auf hochdeutsch: „Nebelmacher"

Bestimmte Ausdrick muss mer kenne,
will mer sich „Eingeborner" nenne,
um zu beweise – ganz gewiss –
dass mer en echte Määnzer is.

Zum Beispiel „Newweling" is einer,
den kennt außer paar Alte keiner:
En Wachsstrang mit eme Docht als Kopp,
gerollt als Kegel – wie en Zopp.

Im vierzehnte Jahrhunnert schon
liest in de Chronik mer devon:
auf mittelhochdeutsch „Nebeling"
ein „Kind des Nebels" – hieß des Ding.

An Allerheilige setzte man
ihn auf Familiegräber dann,
zum Zeiche, dass mer an se denkt,
der Rauch sich wie ein Nebel senkt.

Heit macht mer Nebbel überall:
bei „Offizielle" meist de Fall,
was die Politiker beweise,
die müsste „Newwelinger" heiße!

51

OWWERMATSCHORES
auf hochdeutsch: „allergrößter Oberster"

Für's öffentliche Wohlergehe
muss ääner an de Spitze stehe:
ob Politik, ob Kokolores,
rangschiert ganz owwe en „Matschores".

Französisch is der Sprachgehalt:
„majeure" – die höhere Gewalt.
Denkt mer an Norbert Blüm debei,
dann kann's e „klää Gewalt" aach sei.

Die Stadt verdankt viel Renommee
dem Jockel Fuchs – einstmals „OBee".
Unn „Stadtmarschäll" an Fassenacht
sinn statt ääm äänzige gar acht.

Auch „Präsidente" gibt's in Masse:
sie alle zähl'n zur höchsten Klasse.
De Beste war bein Fernseh-schaun:
als Sitzungspräses de Rolf Braun.

Ums Amt war kääner zu beneide,
trotzdem – die bleibe meist bescheide.
Kään Määnzer sollt' so Leit vergesse:
e Denkmälche wär angemesse!

POHDHÄMMEL
auf hochdeutsch: „Stechmücken"

Jeder hat schon mal geflucht
unn es Weite schnell gesucht,
um sich schlagend, wild und bös,
komme „Schnooke" – mit Getös.

Nervefetzend des Gebrumm,
unn dann fliehn se um ääm rum,
hocke sich dann – diese freche –
uff die Haut unn tun ääm steche.

Selbst im Zimmer – trotz Tür zu –
lasse die ääm aach kää Ruh.
Doch empfiehlt sich, trotz der Plage,
nit zu wild um sich zu schlage.

Denn sonst isses bald passiert:
alle Möbel demoliert,
peift mer aus em letzte Loch ...
nur die Biester lebe noch!

Warum die „Pohdhämmel" heiße,
läßt sich leider nit beweise.
Wer verstoche is – voll Qual –
dem is des aach scheissegal!

PROFITTSCHER
auf hochdeutsch: „geldgierige Zeitgenossen"

So nennt in Määnz mer Leit, die nur
uff Geld scharf sinn – rund um die Uhr,
die uff ihrn Vorteil bloß bedacht,
wie mer de größte Reibach macht.

Profit zu mache is nix Schlechtes,
wenn's niemand schadet auch was Rechtes.
Doch wenn's uff Koste Andrer geht,
ist's eine Sauerei – konkret.

Profittchesmacher, skrupellos
kassiern Millione, virtuos.
Ihrn Säckel fülle is ihr Ziel,
Beschiss treibe – im große Stil.

Raffgierig sein fällt da nit schwer:
Wer schon viel hat, will als noch mehr.
Mer brauch kää Name nit zu nenne,
die dut inzwische jeder kenne.

Warum die sich da nit geniern?
Weil: Viel kann ihne nit passiern.
Dafür danken sie – mopsfidel –
ihrm Schutzpatron „Sankt Raffael".

PUDDELBUMB
auf hochdeutsch: „übel riechende Tabakspfeife"

Wer uff em Land weit drauße wohnt,
wo'n Gickel uff em Mist noch thront,
der wääß, was „Puddel" dort bedeut:
die „Jauche" nenne's foine Leut.

Entsorge tut mer des mit Pumpe,
die wo nach drauße Puddel stumpe.
Zum Dünge nimmt des gern der Bauer,
obwohl es stinkt – sogar uff Dauer.

En „Puddel" kann mer auch noch werfe,
nit Jauche – des derf niemand derfe –
jedoch beim Kegele macht's Spass:
Die Kugel rollt dann „in die Gass".

En Peiferaucher Luft versaut,
dut qualme er so e „Puddelkraut",
dass Micke von de Wänd abfalle
unn Gäste sich ins Tischtuch kralle.

Wer so e „Puddelbumb" benutzt,
soi Umwelt dodemit verschmutzt,
der sollt erhalte was ganz Klores:
den Ehrentitel „Stinkadores"!

RITZAMBAA
auf hochdeutsch: „Ritz am Bein"

Fer Määnzer is die Fassenacht
als fünfte Jahreszeit gedacht,
wo man viel lacht unn danzt unn singt,
wenn der Narrhallamarsch erklingt.

Mit einem Nachteil – wie verhext:
das Werk hat leider keinen Text.
Der Laie singt halt: „La-la-la!"
En Fastnachtsmuffel: „Bla-bla-bla!"

Doch hot der Määnzer unumwunde
sich nie mit sowas abgefunde.
Vor siebzich Jahr – so werd berichtet –
hot er en eichene Text gedichtet:

„Ritzambaa – Ritzambaa!
Morche fängt die Fastnacht aa!"
Nur wer der „Ritzambaa" wohl war,
des is historisch nit ganz klar.

Doch ganz egal – nur eins seht ein:
wenn hier en Fremde „Ritz am Bein"
bös übersetzt: „Sprung in de Schüssel",
der kriht ganz glatt was uff de Rüssel!

SCHEIERBORZELER
auf hochdeutsch: „Scheunenpurzler"

Vor hundert Jahr – lang isses her –
da hatten's Schauspieler noch schwer:
Die gute Bürcher – meist die Alte –
ham nix von dem Beruf gehalte.

Wie's einst im Mittelalter war,
als ehrlos galt die Schauspielschar,
mer sah sie – vorurteilsverworzelnd –
als Gaukler, dorch die „Scheier borzelnd".

Theater gab's nämlich noch kei,
mer trat dort uff, wo'n Platz war frei,
uff Märkte oder dann unn wann
aach in 'ner Scheier spielte man.

Dageche heit, da gilt ganz klar
de kläänste Schauspieler als Star,
wenn er erschien im Fernsehe mal,
ob gut, ob schlecht – is ganz egal.

Doch wer heit in de Fassenacht
als Laie Kokolores macht,
fer „ohne Geld" – werd unbeschwert
als „Scheierborzeler" hochgeehrt.

SCHIKANEBUCKEL
auf hochdeutsch: „Schwierigkeitenmacher"

Es wääß doch jeder ganz gewiss,
aach wenn's kään echte Määnzer is,
was mer versteht unner „Schikane"
unn aach en „Buckel" is zu ahne.

Wer hat nit schon vor Zorn gebebt,
wenn „Schikanöre" mer erlebt,
davon kann mer vor alle Dinge
als „Nachbar" oft e Liedche singe.

Vor allem abber tut sich's zeiche,
wer uff eme Amt will was erreiche:
Dort sinn oft Bürokrate stur,
von „bürgerfreundlich" keine Spur.

Ob's da um was zu Baue geht,
ob mer soi Steuern nit versteht,
ob e Genehmigung erbracht,
Schikane werrn da viel gemacht.

So ääm sollt mer ganz glatt beteuern:
„Bezahlt werst du von unsre Steuern!
Richt dich denach, du Nuckelche,
sonst gibt's ebbes uff's Buckelche!"

SCHLABBEFLICKER
auf hochdeutsch: „Hausschuh-Reparierer"

Was „Schlabbe" sinn, wääß mer doch gleich,
so nennt mer des, was schlapp unn weich,
egal, ob Hausschuh sinn gemeint,
oder en Mensch, der so erscheint.

Wer sich stets drückt: en Feichling isser,
zu dem sagt mer aach „Schlabbeschisser".
Wer schlampt und wohlfühlt sich im Schmutz,
des is en „Schlabbes" – e alt Wutz.

En Kerl, der wo nix tauge tut,
en Faulpelz is, ein Tunichtgut,
ein sich vor aller Arbeit Dricker,
des is en echte „Schlabbeflicker".

Aus Spott werden im Pfälzer Land
die Pirmasenser so genannt,
weil in der Stadt mer sehr geschickt
Schuh produziert und oft aach flickt.

Als Schambes mal die Zeitung las,
rief er: „Eindeutig falsch ist das:
E.U. tagte in Permanenz,
des schreibt mer doch: in Pirmasens!"

SCHNORRESWACKELER
auf hochdeutsch: „Schnurrbartwedler"

Des Mannes Zier für Frauenblicke,
des is en prächtich (möglichste dicke)
nach individueller Art
modisch gestutzter schöner Bart.

Da gibt es Vollbärt – urwaldgleich –
sofern der Mann an Haaren reich.
Aach Seemannsbärte hot mer als
krauses Gestrüpp um manchen Hals.

Der schönste Bart – des is gewiss –
en dichtgewachsne Schnorres is:
ein Schnurrbart, der ganz ohne Flachse
direkt unner de Nos gewachse.

Vor nunmehr übber hunnert Jahr
dies eines Mannes Prunkstück war,
das seine Züge hochveredelt,
vor allem, wenn er damit wedelt.

In Määnz gab's viel – aach drum erum –
die Beste doch in Gunsenumm:
die „Schnorreswackeler" – immer froh –
Viel Glück – lasst's wachse – weiter so!

SCHOBBESTECHER
auf hochdeutsch: „Weintrinker"

Der „Schobbe" stammt aus frühere Zeite
unn is e Maß fer Flüssichkeite.
Bereits schun bei de alte Ritter
war des en ganze halbe Liter.

So viel fasst heit e Schobbeglas,
aach „Määnzer Stange" nennt mer das.
En Schobbe Woi wird drin „halbiert"
unn dann als „Halwe" ääm serviert.

Wenn täglich zu bestimmte Stunde
soi Schobbeglas führt mer zu Munde,
als dät mer an ner Stechuhr steche,
dut mer von „Schobbestecher" spreche.

Als Bronzefigur kann mer'n sehe
am Schillerstraße-Plätzje stehe.
Soi Haltung weist schun darauf hin,
wie standfest Schobbestecher sinn.

Als mal e Gattin stellt die Frag:
„Musst du Woi trinke jeden Tag?"
Da hörte mer den Gatte grolle:
„Ich duh nit müsse, sondern wolle!"

SCHWITTJEH
auf hochdeutsch: „Damenverfolger"

En alte Ausdruck, der bestimmt
wie vieles aus „la France" kimmt.
Aus „suivre", was „folgen" bedeut
wurd „Schwittjeh" – sagt mer kaum noch heut.

Gemäänt is dademit en Mann,
der wo die Böbbcher gern macht an.
Als „Schürzenjäger" – vornehm wär er,
„Weiberuffreisser" – ordinärer.

In Adelskreisen – auf dem Sofa
verführend – hieß er „Casanova".
War Spanier der Erotik-Mann,
dann nannte man ihn „Don Juan".

In Määnz, da geben unsre Damen
so einem ganz profane Namen:
mal Strunzer, Spugges oder Schwittche,
mal Stenz oder aach männlich Flittche.

Denn unser Böbbcher sinn ganz Schlaue,
weil die so'n Kerl ganz schnell durchschaue
und sage zu dem Lüste-Molch:
„Hau bloß ab ... du Matratze-Strolch!"

SPRISCHKLOPPER
auf hochdeutsch: „Sprüchemacher"

Schon in der Bibel liest man dort
zuerst: „Am Anfang war das Wort!"
Als es dann Menschen gab – o je!
entstand im Nu der „Wörter-See"

Zu babbele, des fällt nit schwer,
mer plappert kreuz und quasselt quer,
statt mal zu kloppe uff de Tisch,
da kloppt mer lieber alsfort Sprisch.

Die Meiste sinn bloß Amatöre,
harmlose „Alltags-Schwadronöre",
wenn die viel schwätze, dischputiern,
da kann an sich nit viel passiern.

Ganz annerst wird jedoch die Sache,
wenn „Offizielle" Sprüche mache,
mit hohle Sätz, die blende solle,
das Volk fer dumm verkaufe wolle.

So Phrasedrescher, auf der Stelle
müsste die sich in einer Zelle
mit ihrer eichene Wörter Masse
bei Tag unn Nacht beschalle lasse!

TROTTWASCHWALBE
auf hochdeutsch: „Bürgersteig-Prostituierte"

„Trottwa" – so nennt mer Bürchersteiche,
weil da die Bürcher drübber steiche.
Was „Schwalbe" sinn, weiß jeder – nun,
des hat mit Vögeln was zu tun.

In Großstädte kann mer se sehe,
am Straßerand uff Trottwas stehe.
Was des betrifft, is hier nix los,
denn Määnz (zum Glück) is nit so groß.

Es gibt aach „Schwalbe", schick unn schee,
auf dem Parkett der Hottvolee,
die suche Freier, gut bei Kasse,
um sich dann heirate zu lasse.

Hauptsach, dass er en „Grufti" is,
dann lebt er ja nit lang – gewiss.
Sie erbt viel Geld, Auto unn Haus ...
und guckt sich gleich de Nächste aus.

So schlimm des is, wenn Fraue sich
verkaufe, gehe uff de Strich,
mehr Achtung hab ich, ohne Spass,
vor „echte Schwalbe" – uff de Gass.

TRUCKEBROODSCHE
auf hochdeutsch: „geiziger Mensch"

Schon in de Schul mer solche kennt,
die wo mer schlichtweg „Geizhals" nennt,
weil die sich unsozial verhalte
und niemals teile – bloß behalte.

Als Freunde gänzlich ungeeichnet
werrn „Truckebroodscher" die bezeichnet,
weil se sich „trockenhart" führn uff,
wie Brot mit „ohne ebbes" druff.

Doch nit nur geizig is so'n Simpel,
auch als humorlos gilt der Gimpel,
der lacht nur laut und ungeniert,
wenn einem Annern was passiert.

Im spätern Lebe werd's noch schlimmer,
soll mal gespend werrn, sagt der immer:
„Egal fer was – ob klää, ob groß,
ich gebbe nix – ich nemme bloß!"

Was is des bloß fern arme Wicht,
selbst wenn steinreich – beneid den nicht,
ihn wird nach seim Tod überrasche:
Es letzte Hemd ... des hat kää Tasche.

UFFGESTELLT MAUSKNIDDEL
auf hochdeutsch: „gestapelter Mäusekot"

Mir sinn verschiede von Natur,
vun Gleichheit weit unn breit kää Spur:
Da gibt es Große, Derre, Nette,
aach Klääne, Lange, Doofe, Fette.

Wenn Dialekt der Volksmund spricht,
uff Rücksichtnahme er verzicht,
sowie en Mensch extrem gebaut,
mer sich des aach zu schildern traut.

Zum Beispiel nennt mer en ganz Korze,
so'n uffgestumpte klääne Knorze,
von reichlich Esse aufgequellt:
„Mauskniddel" – die wo „uffgestellt"!

Aach „Schminzje" dut mer bei uns kenne,
„Quadudder" odder „Stumperd" nenne.
Im Scherz bezeichnet mer aach diese
als „abgebrochene Mini-Riese".

Doch wenn's en echte Määnzer is,
nimmt der's nit krumm, des is gewiss
unn rieft: „Dafür bin ich allääns
der allergrößte Zwerch von Määnz!"

UFFWARTSBOBB
auf hochdeutsch: „aufwartendes Mädchen"

Des Wort stammt – was niemand verwunnert –
aus dem vergangene Jahrhunnert.
Den Ausdruck kenne sicherlich
bloß „Uralt-Määnzer" – so wie ich.

Was „Bobb" bedeut, des is ganz klar:
von jeher schon e Mädche war.
Auch Fraue werde so genannt,
sofern sie goldisch unn charmant.

„Uffwarte" hääßt nit – des wär Stuss –
dass mer uff ebbes warte muss.
So wurd gesagt in alter Zeit,
dut mer „bediene" annern Leit.

Drum: Wer als Kellnerin geeichnet,
wurd einst als „Uffwartsbobb" bezeichnet.
Doch wie sagt mer denn heutzutag?
„He, Frollein!" – kommt nit mehr in Frag.

„Frau Oberin!" – zu klerikal is,
„Frau Kellnerette!" – zu banal is.
Beim nächste Mal sag ich zu ihr:
„Frau Uffwartsbobb – bitte ein Bier!"

UTSCHEBEBBES

auf hochdeutsch: „marokkanische Besatzung-soldaten"

E komisch Wort im Dialekt,
is heit politisch nit korrekt:
So hot mer Farbige genannt,
die als Besatzer einst im Land.

Wo dieser Ausdruck herzuleite,
dodribber sich Gelehrte streite.
Zwää Heimatgarnisone gab es:
„Oudjidda" unn „Sidi bel Abbes".

Draus hot der Määnzer unscheniert
„Utsche" unn „Bebbes" kombiniert,
tat nachäffend die fremde Sprache,
aach „Harrewaas" zu dene sache.

Moin Vadder hot des noch erlebt
als Kind gezittert unn gebebt,
vor Necher soin Respekt war groß,
mehr noch als vorm Nikelos.

Doch als er erstmals dem soin Knecht,
den Rupprecht sah, der radebrecht
und schuggeschwarz is, wagt' er ebbes
unn rief laut: „Guck, en Utschebebbes!"

UWWERAASCH
auf hochdeutsch: „umständliche Arbeit"

„Jetz guck doch mol, die bleed Bagaasch,
was mache die fer'n Uwweraasch!"
So kommentiern mir Määnzer Sache,
die Umstandskrämer gerne mache.

Aus Fronkreisch stammt des Ursprungswort:
„L'ouvrage" – die Arbeit – nennt mer's dort.
Bei uns sacht mer's, wenn was bedingt
mehr Uffwand statt Ergebnis bringt.

So kann mer grad in unsre Tage
fast übberall dodrübber klage
in unsrer Bundesrepublik,
am schlimmste in de Politik.

Was die sich leiste – hin und her,
das geht bald uff kää Kuhhaut mehr:
hier nor Gefuddel – dort Gehuddel,
eraus kimmt bloß noch Kuddelmuddel.

Wenn jeder Bürcher früh bis spät,
so dilettantisch schaffe dät,
do wär bei so viel Uwweraasch
ganz Deitschland bald total im Aasch.

WORSCHTATHLET
auf hochdeutsch: „kraftprotzender Angeber"

Der Männer Traum seit Jugendzeit
sinn Muskele – so dick unn breit
wie Schwarzeneggers – uffgeblose,
die Hemder sprenge unn aach Hose.

Er glaabt, die Böbbcher däte staune
unn heimlich dann bewundernd raune:
„Jetz guck emal – der Kerl – e Wucht!
So was hab ich schon lang gesucht!"

Drum macht er Liechestütz zuhaus
unn drückt debei die Brust eraus,
macht Klimmzüch an de Bücherwand
unn hebt en Stuhl mit ääner Hand.

Ins Schwimmbad stakst er dann enei,
als ob er Rambos Bruder sei,
mit Muskelspielcher er nit geizt
unn hofft, dass er die Weiber reizt.

Doch lache sich die Mädcher schepp:
„Du Worschtathlet – du Muskeldepp,
mach dich zum Butz, verschone uns,
geh hääm unn stemm e Kilo Blunz!"

Zwerndobbsch
auf hochdeutsch: „lebhafte kleine Person"

„Dobbsch" e klää Holzspul' bedeut,
dodruff „Zwirn" wickeln die Leut,
spult mer's ab, so schnell wie's geht,
sich des schwirrend um sich dreht.

Is en Mensch lebhaft unn klein
rieft mer'n „Zwerndobbsch" – wie gemein,
denn oft denkt ein „Größereeer":
er wär schöner als wie der.

Dabei zeigt uns die Geschicht,
wie groß werd oft so en Wicht:
denkt nur an Napoleon,
der wurd größer als sein Thron!

Oder Nobbi Blüm – trotz Witze –
war ganz groß, hoch an der Spitze,
konnt – was Kohl selbst nie erreicht –
unnerm Tisch spaziern gehn – leicht!

Also, Spötter, merkt euch das:
fer soin Wuchs kann kääner was.
Mögt Ihr heut die Größte sein,
früher warn mir all ganz klein!

Zum Ausklang

MÄÄNZER SCHLAPPMAUL-DIXIE

Diskutieren is modern,
kluge Sprüch macht jeder gern,
babbelt sich soi Schlappmaul heiß,
weil er alles besser weiß.

Doch wer des mit Määnzer macht,
dem werd sehr schnell beigebracht,
dass bei uns hier jedermann,
perfekt dischputiere kann.

Erst hört mer zu
und denkt nanu?
Dann geht's los in aller Ruh:
Bla blablaa bla babbela-babbela bapp!

Tu doch nit alsfort dischputiern,
mit fremde Wörter imponiern.
Du babbelst dauernd so verdreht,
daß dich kään Deibel mehr versteht.

Dir fehlt en Abfluß in de Stern,
ich glaab, du host en Worm im Hern.
Du bist doch werklich nit mehr klor
unn host en klääne Mann im Ohr.

Du host kää Ahnung, doll Schinoos,
bei dir sinn doch e paar Schraube los.
Du bist e bisje oijoijoi,
so doll kann ääns allääns nit soi.

Komm, mach kää Sprüch, blas dich nit uff,
sonst kriehste ääns uff's Duppee druff,
dass du bleed dorch die Rippe guckst,
unn wie en Aff dorch's Gitter spuckst.

Erst hört mer zu
unn denkt nanu?
Dann geht's los in aller Ruh:
Bla blablaa bla
babbela-babbela bapp!

Komm, babbel nit so'n bleede Mist,
mach dich nit größer wie de bist.
Du host en Klapps, scheel biste aach,
unn mit de Wichsberscht hoste'n Schlag.

Du warst als Kind zu heiß gebad',
stolzierst wie'n Storch dorch de Salat.
Du siehst doch aus wie'n Kakerlak,
gepudert mit em Klammersack.

Am beste is: du hältst die Klapp,
sonst bricht dir noch en Zacke ab.
Doi Hern, des is total verrost,
weil du en Riss im Dippche host.

Schmeiß dich nit in die Brust, du Biddel,
grad wie en Spatzert in die Kniddel,
hau ab zum Butz, laß mir moi Ruh,
unn mach die Tür von drauße zu!

So dischputiern bei uns die Leit,
ohne Geschiss und ohne Ferz,
des is die Määnzer Eichenheit:
Schlappmaul mit Herz!

Babbela bapp
babbela bapp
Babbela-babbela
bapp!

Bisherige Publikationen

Typisch Bonewitz
– Satiren von B bis Z –
Sketche und Vorträge / Songs und Gedichte
Glossen und Kommentare / Essays über den Autor
240 Seiten mit Fotos + Cartoons
Herausgeber: Reinhard Hippen
Gründer vom „Deutschen Kabarett-Archiv"
Verlag Hermann Schmidt Mainz, 1993
ISBN 3-87439-306-2

*

Typisch Bonewitz
Ausgewählte Sketche und Songs
aus 20 Jahren Kabarettprogrammen
von & mit Herbert Bonewitz
CD mit 20 Titeln
Verlag „merkton" – Wolfgang Zinke, 1993

*

Zwischen allen Stilen
Herbert Bonewitz
– Kuriose Erlebnisse & lehrreiche Erfahrungen –
120 Seiten mit Fotos + Cartoons
Herausgeber: Mainzer Bibliotheksgesellschaft e.V.
Verlag Edition Erasmus Mainz, 2000
ISBN 3-295131-02-7
AUSVERKAUFT

*

Herbert Bonewitz
Gereimtes Leben
Gedichte und Lieder zwischen Scherz, Satire und Poesie
176 Seiten mit 12 Illustrationen
Druck & Herstellung:
gzm – Grafisches Zentrum Mainz Bödige GmbH
Herausgeber: Michael Bonewitz
Satz, Layout & Vertrieb:
Verlag Bonewitz, Bodenheim, 2004
ISBN 3-00-014820-5
AUSVERKAUFT

*

Herbert Bonewitz
BoneWitziges Satirikum
Mit scharfer Zunge und spitzer Feder
208 Seiten mit zahlreichen Cartoons
Druck & Herstellung:
gzm – Grafisches Zentrum Mainz Bödige GmbH
Herausgeber: Michael Bonewitz
Satz, Layout & Vertrieb:
Verlag Bonewitz, Bodenheim, 2006
ISBN 3-00-020244-7

*

Herbert Bonewitz
Mein Kabarett-Menü
Pikante Leckerbissen und regionale Spezialitäten
224 Seiten mit zahlreichen Fotos + Cartoons
Druck & Herstellung:
gzm – Grafisches Zentrum Mainz Bödige GmbH
Herausgeber: Michael Bonewitz
Satz, Layout & Vertrieb:
Verlag Bonewitz, Bodenheim, 2008
ISBN 978-3-9811590-3-5

*

Herbert Bonewitz
Ein Narr packt aus
Erinnerungen eines Mainzer Urgesteins
344 Seiten mit zahlreichen Fotos + Cartoons
Druck & Herstellung:
gzm – Grafisches Zentrum Mainz Bödige GmbH
Herausgeber: Michael Bonewitz
Satz, Layout & Vertrieb:
Verlag Bonewitz, Bodenheim, 2010
ISBN 978-3-9813999-1-2

*Alle Publikationen, sofern sie nicht vergriffen sind,
können direkt über Agentur & Verlag Bonewitz
bezogen werden.
Tel.: 06135/931662 · Fax: 06135/3983
Mail: info@bonewitz.de
weitere Informationen: www.bonewitz.de*

Inhaltsverzeichnis

Zum Ausklang

*

Die Autoren

Prof. Dr. Hans-Jörg Koch

Richter a.D., hat sich vor allem um die Weinkultur verdient gemacht: Als Mitgründer weinkultureller Vereinigungen (unter anderem der Mainzer Weinzunft und der Weinbruderschaft Rheinhessen) sowie Autor vieler Bücher. Geprägt hat er auch das komplizierte Weinrecht, erläutert im dreibändigen Kommentarwerk, gelehrt an der Johannes Gutenberg-Universität in Mainz. Für sein Lebenswerk wurde er vielfach geehrt (Deutscher Weinkulturpreis, Bundesverdienstkreuz).

Die besondere Liebe des engagierten Rheinhessen gilt aber seit über 50 Jahren der Mundart seiner Heimat, die er wissenschaftlich erforscht und volkstümlich vermittelt hat.

1964 leitete die Anthologie „Gelacht, gebabbelt un gestrunzt" (inzwischen als Titel einer Fastnachtssitzung des MCV übernommen) die Wiederentdeckung regionaler Dialektdichtung ein, in seinem rheinhessischen Schimpflexikon „Wenn Schambes schennt" (seit 1976 mehrfach aufgelegt) erklärte er Herkunft und Bedeutung von rund 2.000 Spott-, Uz- und Gassenwörtern, und in „Blarrer, Zappe, Leddeköpp" (1984) die Ortsnecknamen der Städte und Dörfer. Abgerundet werden diese Publikationen durch die jüngsten Editionen „Horch emol!" und „Allemol!" der Rheinhessischen Trilogie.

HERBERT BONEWITZ

geboren am 9. November 1933 in Mainz, arbeitete nach Abitur und Studium 25 Jahre lang in der Werbe- und PR-Branche und war Hauptabteilungsleiter „Kommunikation" in dem Mainzer Hygiene-Konzern Hakle.

Bundesweit bekannt wurde er in den 1970er und 1980er Jahren durch seine satirischen Vorträge in den Mainzer Fernsehsitzungen. Seit 1975 trat er zunächst nebenberuflich als Kabarettist im Mainzer „unterhaus" auf und wechselte dann 1984 ins Profilager. Seine Tourneen führten ihn durch das gesamte Bundesgebiet.

Für seine Kabarettprogramme hat er nicht nur die Texte geschrieben, sondern auch die Lieder komponiert und seine Auftritte selbst inszeniert. Im Jahre 2001 verabschiedete er sich endgültig von der Kabarettbühne und ist seitdem tätig als Autor und Karikaturist. Die Bühne betritt er nur noch sporadisch mit Lesungen aus seinen Büchern, hauptsächlich bei Veranstaltungen zu sozialen Zwecken.

Er erhielt zahlreiche Auszeichnungen: das Bundesverdienstkreuz, die Ehrenglocke vom „unterhaus" und einen „Stern der Satire" auf dem „Walk of fame" vom Deutschen Kabarettarchiv.

Mit dem Määnzer Dialekt ist er groß geworden und hat ihn sowohl an Fastnacht als auch im Kabarett stilbildend eingesetzt. Daher betrachtet er diese Publikation auch als einen kleinen Beitrag zur Erhaltung und Pflege der hiesigen Mundart.

IMPRESSUM

Texte & Zeichnungen: Herbert Bonewitz
Herausgeber: Michael Bonewitz
Satz & Layout: Agentur & Verlag Bonewitz
Druck & Herstellung: W.B. Druckerei GmbH · Dr.-Ruben-Rausing-Str. 10 · D-65239 Hochheim am Main
Verlag & Vertrieb: Agentur & Verlag Bonewitz
Obergasse 14 · 55294 Bodenheim
Tel.: 06135/931662
Fax: 06135/3983
info@bonewitz.de
Weitere Informationen über den Verlag: www.bonewitz.de
ISBN 978-3-9813999-2-9
2. Auflage, 2012
Copyright © 2012 Herbert Bonewitz
Nachdruck nur mit Genehmigung des Autors